6つのステッチでワンポイントからお直しまで

いちばんやさしい 「刺しゅう」リメイク

阪本あやこ

はじめに

　バッグやハンカチ、帽子などに小さい刺しゅうをひとつ刺すだけで、なんでもないものが大切なものにかわります。

　私の母は、私が小さいころ、いろいろなものによく刺しゅうをしてくれました。旅行に持って行くのは、決まって母が刺してくれたくまの刺しゅうの巾着袋だったり、緊張するピアノの発表会のときはリボンの刺しゅうのハンカチをお守りがわりに握りしめたりしたものです。

　本書は、そんな小さな刺しゅうに込められたパワーを思い返しながら製作しました。

　初めての方でもすぐに刺せるように、ステッチは6つに絞って紹介しています。また、できるだけていねいにステッチの刺し方や手順を説明しています。

　ぜひ大切な服や小物のワンポイントとして、リメイクとして、本書の刺しゅうを楽しんでいただけると嬉しいです。

　みなさまに、ひと針、ひと針刺しゅうするたび、心が落ち着くやさしい時間が流れますように。

阪本あやこ

contents

ワンポイントに！　リメイクしやすい！
かんたん&かわいい図案

かんたん & かわいい図案

本書では基本の6つのステッチだけで、かんたんに刺せる図案を紹介しています。
洋服や小物のワンポイントに、ちょっとしたリメイクにアレンジしやすいものばかりです。

円 & 線　Circle & line 　図案▶p.54

上の6つそれぞれはステッチひとつだけ、下の6つも2つのステッチの組み合わせだけで作れます。

同じ図案をつなげてライン状に。リボンに刺したり、
バッグの持ち手に刺したりとアイデアの幅が広がります。

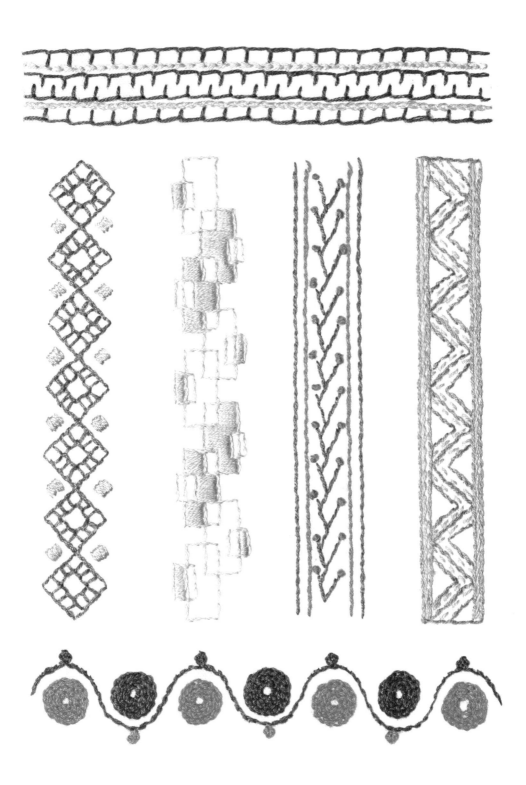

円、三角、四角の基本の図形をアレンジ。複雑な線がないので、初心者におすすめ。

花 Flower 図案▶p.57

花をひとつだけでも、組み合わせてもパッと華やかになるモチーフです。

フルーツ & ベジタブル Fruit & Vegetable 図案▶p.58

ハンカチ、靴下、コースターなどのちょっとしたワンポイントに。

お菓子 Sweets 図案▶p.59

同じ図案でもいくつかつなげたり、カラーバリエーションをそろえたりするとキュートさがアップ。

海の生き物 Marine life 図案▶p.60

いくつか組み合わせて海の中を演出してみても楽しいものです。

楽器 Instruments 図案▶p.61

好きな音楽をイメージしながら刺しゅうすると、楽しい気持ちに。

自然 Nature 図案▶p.62-63

ファッションアイテムのアクセントとしてはもちろん、穴が開いたり汚れたりしてしまったところを
ちょっと隠すのにもちょうどいいデザイン。

模様 pattern 図案▶p.64-65

模様の組み合わせ方次第で、 いろいろなパターンが生まれます。
オリジナルを作ってみるのも楽しいですよ。

リメイク&お直し

洋服にプラスワン

市販の洋服に刺しゅうをひとつ刺すだけで、オリジナル感がアップします。
プレゼントにも最適です。

シャツ shirt

図案 スイカ▶p.58、蝶▶p.62、サボテン▶p.62
how to make ▶p.66

えりや胸元、そでなどの
ちょっとしたアクセントに。

くつ下 socks 　図案 　バナナ▶p.58、塔▶p.56、キャンディ▶p.59 　　how to make ▶p.66

くつ下も横面だけでなく、
かかと、後ろ側など、いろいろなところに刺してみましょう。

ボタンホール 図案 & how to make ▶ p.67–68

刺しゅうをした布を「くるみボタン」にしたり、
基本のステッチをボタン周りにプラスしたりするだけで、印象がグッと変わります。

首元、そで口

図案 模様▶p.65、花の集合▶p.68
how to make ▶p.68

首元やそで口など、人の目線がいくところに
刺しゅうしておしゃれを演出。

小物にプラスワン

小物にも刺しゅうを添えて。
ちょっと足すだけで簡単リメイクできます。

コースター、
ハンカチ

図案 アイスクリーム ▶ p.59、トランペット ▶ p.61
線 ▶ p.55、サンゴ ▶ p.60、波 ▶ p.56

how to make ▶ p.69

コースターやハンカチに刺しゅうして、
ちょっとしたプレゼントに。

袋、ペンケース、箱

図案 お菓子 ▶ p.59、クラゲ ▶ p.60、花のアレンジ ▶ p.70
how to make ▶ p.70

入れるものに合わせて刺しゅうをプラスオン。

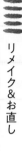

リメイク＆お直し

21

帽子 　図案　ひつじ▶p.62、模様▶p.64　　how to make ▶p.71

お気に入りの刺しゅうをひとつプラスしたり、リボンに刺して巻いたりアイデアは自由。

エコバッグ

図案 & how to make ▶ p.71

シンプルなバッグが、自分だけのお気に入りに早変わり。

穴・汚れを隠す

「服にシミをつけてしまった」「穴が開いてしまった」そんなときは、刺しゅうの出番。
パッと刺してかわいくリメイクしましょう。

服 図案 & how to make ▶ p.72–73

汚れたところを隠すだけでなく、
バランスを見ながら図案をプラスして
デザインしましょう。

図案 模様▶p.65、鳥▶p.62

図案 雪の結晶 ▶ p.63

リメイク＆お直し

エコバッグ　図案 円▶p.54、線▶p.55　how to make ▶p.74

汚れたり破れそうな持ち手は、ライン状のステッチで補強すれば安心です。

飾りをつける

刺しゅうだけでなくビーズをつけたり、傷みそうなそで口に
ステッチしたり、アレンジしてみましょう。

服 図案 & how to make ▶ p.74-75

図案の大きさを変えたり、組み合わせたり、
ビーズをプラスしたり。アイデア次第で
いろいろな楽しみ方ができます。

そで口

図案 & how to make ▶ p.76

意外と目に入るのがそで口。
ちょっとしたあしらいで、
華やかな雰囲気に早変わり。

つくろう

大きく破けてしまったら、毛糸やリボン、当て布などで
カバーしてみましょう。

くつ下 how to make ▶ p.77

くつ下や、服のひじ、ひざ部分は破れやすいもの。
そんなときは、布を織るように糸でつくろってみましょう。

セーター how to make ▶ p.78

毛糸をひっかけてひきつれができてしまったときは、
リボンの出番。リボンをとめるときの
ステッチを変えると、アクセントに。

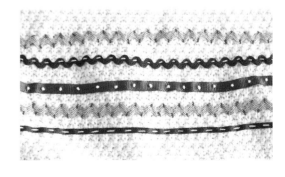

デニム生地 `how to make` ▶ p.79

p.77 のくつ下のようにつくろってもかわいいですが、
範囲が広いときは当て布が便利。
当て布に刺しゅうをすると、おしゃれに仕上がります。

刺しゅうの基本

刺しゅうに必要な道具から使い方、
本書で登場する基本の6ステッチまで紹介します。
初心者でもわかりやすく
すぐに刺しゅうがはじめられるように
ていねいに解説しています。

刺しゅうの道具

刺しゅうをするときに必要な道具です。
少しずつそろえましょう。

糸

25番刺しゅう糸

本書では、6本の細い糸をより
合わせた「25番刺しゅう糸」を
使っています。この糸をばらし
て、ステッチによって1本、2本
と使用する本数を使い分けます。
1本使用する場合は「1本どり」、
2本使用する場合は「2本どり」
と図案に記載しています。

刺しゅう糸といっても、細い糸を何本かよ
り合わせたものから、1本の太い糸ででき
たものなどさまざま。またメーカーによっ
て、糸の番号が違うので注意しましょう。
本書の作品では、おもにDMCの糸を使っ
ています。また、図案ページでも、そのま
ま再現できるように糸番号の詳細を表記し
ています。他のメーカーでも、p.4-32のカ
ラー写真をご覧になり、似た色の刺しゅう
糸を使っていただいても再現可能です。

糸の本数によって、ステッチの太さが変わります！

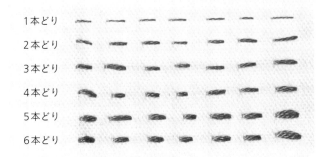

1本どり
2本どり
3本どり
4本どり
5本どり
6本どり

針

フランス刺しゅう針

刺しゅうには、一般的に「フ
ランス刺しゅう針」を使いま
す。普通の針と違って、針穴
が縦になっているので、何本
も糸を通す刺しゅうに向いて
います。

刺しゅう針の種類

針の太さによって3番〜10番まで
あり、号数が大きくなるにつれて、
針が細くなります。細い針は薄い布、
または糸の本数が少ないときにおす
すめです。実際に刺してみて、使い
やすい針を使用しましょう。

布に合わせた針の目安

針の番号	糸の本数	布の暑さ
3番 4番	6本どり〜 5〜6本どり	厚地
5番 6番	4〜5本どり 3〜4本どり	中地
7番 8番 9・10番	2〜3本どり 1〜2本どり 1本どり	薄地

布

刺しゅうしやすい布は、綿、麻、
混合の平織りです。あまりに薄い
布、厚い布は刺しにくくなります。

その他の道具

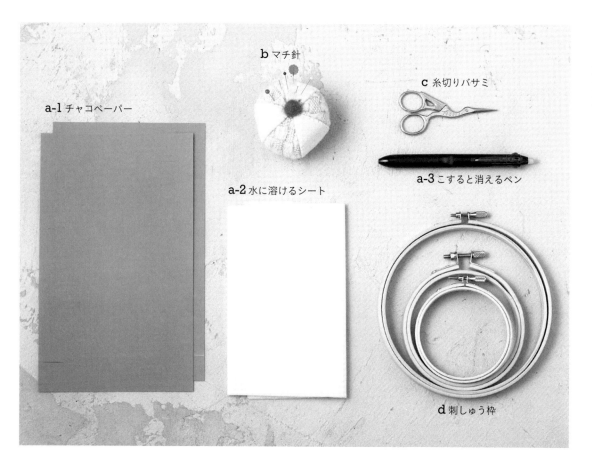

b マチ針
c 糸切りバサミ
a-1 チャコペーパー
a-2 水に溶けるシート
a-3 こすると消えるペン
d 刺しゅう枠

a 図案をうつす道具

1 チャコペーパー

布と図案を書いた紙の間にチャコペーパーをはさんで、図案をうつします。

2 水に溶けるシート

図案をうつしたシートを布に仮止めし、刺し終わったら水につけて溶かします。布に図案をうつす必要がありません。

3 こすると消えるペン

こすると消えるペンは、アイロンの熱で描いたものが消えるため、図案をうつすときに重宝します。かんたん＆手軽なのでおすすめのうつし方です。

b マチ針

図案がずれないように固定したり、布を仮止めするときに使います。

c 糸切りバサミ

糸を切るときに使う手芸用のハサミ。ハサミの先が細長いほうが、糸を切りやすいのでおすすめ。

d 刺しゅう枠

布をピンと張らないと刺しゅうの形が崩れるので、必ず使用しましょう。大中小（写真は8、11、15cm）のサイズを持っていると便利。

刺しゅう枠の使い方

刺しゅうをするときは、刺しゅう枠を使って布をピンと張るときれいに仕上がります。

基本の使い方

1 刺しゅう枠の金具のネジをゆるめる。金具のついていない枠の上に布を置き、金具のついている枠を重ねる。

2 金具のついている枠をしっかりとはめ、布をピンと張って金具のネジを締める。

point

枠を使うと仕上がりがきれいに

枠を使って布を張らないと、刺しゅうの形がくずれる原因に。できるだけ枠を使って刺しましょう。

布の張り具合

柄の布を枠にはめたとき、枠の中と外で柄がゆがんでいない状態がベスト。そのまま枠をポンと置くイメージ。

point

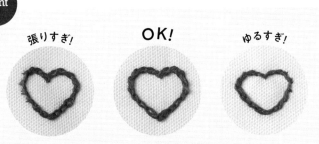

張りすぎ！ OK! ゆるすぎ！

布を張りすぎても、逆にゆるすぎても、刺しゅうがゆがんでしまいます。ちょうどよい張り具合にしましょう。

刺しゅう枠の選び方

刺しゅう枠は、作品の大きさに合わせることが大事です。ワンポイントの小さいものなら小さい枠、大きいものなら大きい枠にしましょう。刺しゅう枠の号数が大きいと、サイズも大きくなります。

point

靴下のように枠がはめにくいとき、布が重なっているときは、厚紙で代用します。下の布をすくわずに、刺しやすくなります。

刺しゅう枠を使うときのコツ

洋服や小物などに刺すときの、刺しゅう枠のはめ方のコツを紹介します。

✳ 角を刺したいとき

point

シャツのえりやハンカチの角など、布の角に刺したいときは、写真のように布の2辺を枠ではさめれば大丈夫。

しっかり固定させたいとき、枠が大きすぎるとき、端まで刺したいときは、別布をしつけ糸で仮縫いして布を足します。枠に布が固定できるようになります。

✳ 細長いものに刺したいとき

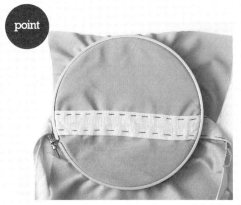

point

テープやリボンなど細長いものに刺したいときは、両端を刺しゅう枠に渡して固定。

しっかり固定したいときは、テープの上下それぞれにしつけ糸で別布を仮縫いし、刺しゅう枠にはめます。

図案をトレースする

図案を布にトレースする（うつす）方法をいくつか紹介します。
自分に合った方法でうつしてください。

こすると消えるペンの場合

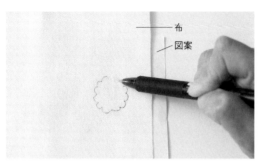

図案を描いた紙、布の順に重ね合わせ、こすると消えるペンで上から図案をなぞる。

チャコペーパーの場合

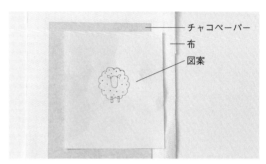

布、チャコペーパー、図案の順に重ね、上から鉛筆で図案をなぞる。

水に溶けるシートの場合

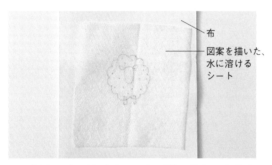

1 図案、水に溶けるシートの順に重ね、上から水性ペンで図案をなぞる。

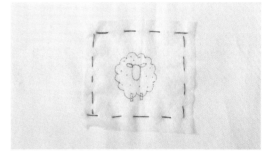

2 シートを布にしつけ糸で仮止めする。

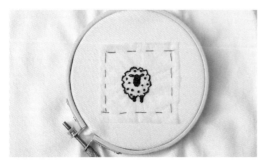

3 シートの上から、刺しゅうをする。

4 図案に合わせてシートの外側をカットする。水をつけた綿棒でシートの周りをとんとんと叩いて、シートを溶かす。

図案をトレースするときのコツ

そのまま机に置いてうつすよりも、下から光を透過させたほうが、
図案がしっかり見えてうつしやすくなります。

✳ 窓を使う

1 窓ガラスにp.38の手順で図案を重ね、テープで固定する。
`point` 図案を重ねる順番は、p.38のうつす道具に合わせる。

2 図案をうつす。
`point` 日中など日が当たる時間がおすすめ。

✳ トレース台を使う

1 プッシュライトなど平たいライトを用意する。左右が同じ高さになるように、本か箱を置き、その上に透明な板（ガラスやアクリル）を置く。
`point` 透明な板は、額縁のものを利用すると便利。

2 透明な板の上にp.38の手順で図案を重ね、ライトをつけて図案をなぞる。

point

市販のトレース台があると便利

よく刺しゅうをするようになったら、市販のトレース台を持っていると便利です。安価なものもあるので、用途に合ったものを探してみましょう。

糸の扱い方

糸をきちんと扱えるようになると、
刺しゅうの仕上がりもぐんとよくなります。

糸の準備をする

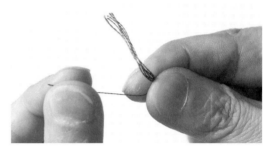

1 糸束から1本ずつ糸を抜き取り、50～60cm程度の長さに切る。
point 糸は整理しておくと、後で使いやすい（→p.42）。

2 1本ずつ引き出しやすいように爪で糸をしごいて、分ける。
point 本書で使用する25番刺しゅう糸は、糸が6本よりあわさっている（→p.34）。

針に糸を通す

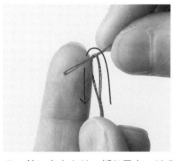

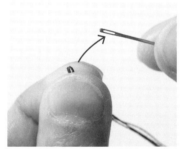

1 針に糸をかけ、折り目をつける。

2 折り目を指で押さえたまま、針を引き抜く。
point 指で折り目をつぶすように持つ。

3 折り目を指の間から出し、針穴に押し入れるようにして糸を通す。

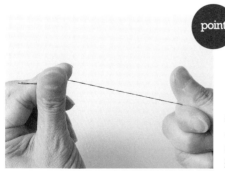

point

糸が2本以上の場合は、まとまりやすいようにより合わせておくと、針穴に糸を通しやすくなります。

刺しはじめと刺し終わり

ライン上に刺しゅうする場合や、布の裏を気にしなくていいようなときは、玉留めする。

刺しはじめ（玉留め）

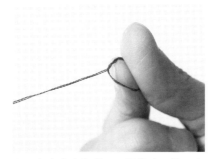

1 糸を人さし指に1回巻く。巻いた部分を親指で押さえたまま、人さし指を下にスライドさせてねじる。

2 ねじった場所を指で押さえたまま、もう一方の手で糸をひっぱり、結び目を作る。
point 糸をひっぱるときに少しずつ押さえている指をゆるめて、糸のからまり具合を調整すると、うまく結び目ができる。

刺し終わり

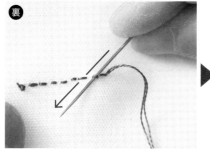

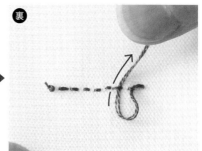

裏側で、刺しゅうの針目に何度か糸をくぐらせて糸をからめる。
point えり元など布の裏が気になるときに。それ以外は、刺しはじめのように玉留めでOK。

面の場合

面に刺すときは、刺している糸にからめるだけで糸が止まります。

刺しはじめ

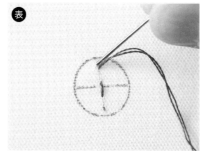

1 図案の真ん中に何目か並縫い（ランニングステッチ→p.44）し、裏に針を刺す。
point 端は短くなるように引くか、カットする。

刺し終わり

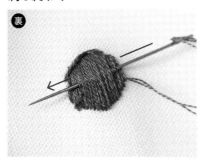

2 裏の縫い目に糸を通す。
point 布の裏が気にならないときは、普通に玉留めしてもOK。

糸を扱うときのコツ

糸の引き出し方やからまないように管理する方法です。

✳ 糸は1本ずつ引き出す

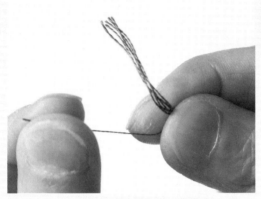

刺しゅう糸といっても、細い糸を何本かより合わせたものから、1本の太い糸でできたものなどさまざま。またメーカーによって、糸の番号が違うので注意しましょう。本書では、DMCの25番の糸をおもに使っています。

✳ 糸のねじれをなおす

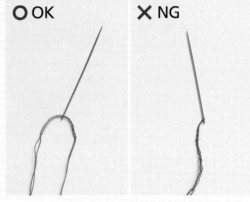

○ OK ✕ NG

糸がねじれたまま刺すと、刺しゅうがゆがむ原因に。また、くるくると糸が回って刺しにくいので、糸はまっすぐにしましょう。

✳ 糸がからまないように整理する

同系色でまとめる

カットした糸は、同系色にまとめて束ねておく。

台紙に巻く

厚紙などの台紙に巻いておくと取り出しやすくて便利。

糸玉にする

からまないようにふわっと糸玉にして、この中から好きな色を選んでも。

✳ 刺し間違えたところを 引き抜くとき

針の頭を刺したところに入れて糸を持ち上げると、簡単に糸を引き抜くことができます。

✳ 糸がからまったときは

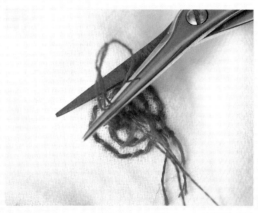

糸を引き抜いてほどけばいちばんいいですが、難しい場合はいさぎよく糸を切りましょう。糸の端が見えないようにギリギリでカットしてください。

point

いろいろな糸を 用意しよう

刺しゅうに慣れてきたら、指定の糸だけでなく、リボン、ラメ糸、毛糸、麻糸などいろいろな糸を用意してチャレンジしてみましょう。同じ図案でも雰囲気が変わって楽しいものです。

基本の6つのステッチ

本書で使用する6つのステッチです。初心者でも刺しやすく、組み合わせやすいものをセレクトしています。

1 ランニングステッチ

最も基本のステッチで、並縫いともいいます。ライン状に針を入れて出す、を繰り返します。

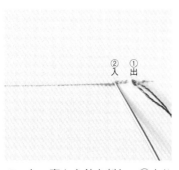

1 布の裏から針を刺し、①より針を出して、②に針を入れる。

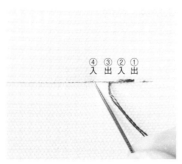

2 針を出す、入れるを繰り返す。

3 針目の長さがそろうように刺していく。

きれいに刺すコツ

まっすぐ刺すとき

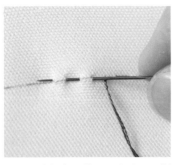

3〜4針程度、続けてすくって刺すと早くきれいに仕上がります。

カーブを刺すとき

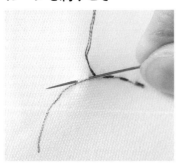

カーブは続けてすくうのは難しいので、1針ずつ刺していきます。

針目をそろえる

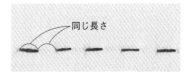

同じ長さ

長 短 長 短

裏と表のステッチの間隔をそろえるときれいです。表面と裏面を同じ長さにするか、長短でそろえてもOK。

2 サテンステッチ

面を埋めるときに使うステッチ。
線が平行になるように刺すと、きれいに仕上がります。
糸がよれないようにしましょう。

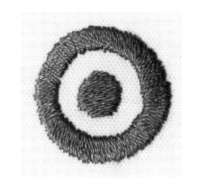

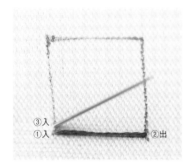

③入
①入
②出

1 下辺を1目刺す。

2 平行になるように、下から上へ刺していく。

point

四角以外の図案も、直線に刺せる図案は下から上へ刺していくときれい。

きれいに刺すコツ

円を刺す

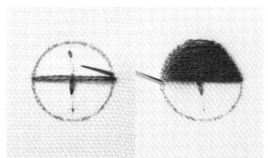

1 中央を1目刺す。中央に刺したら、上下分けて刺していく。

2 円の半分を刺したら、残り半分は上から下へ同様に刺す。

point 上下、左右対称の図案は、半分に分けて刺すと仕上がりがきれい。

放射状に刺す

1 ガイドになる線を刺す。

2 ガイド線の間を埋めていく。
point エリアごとに刺していく。

3 チェーンステッチ

小さな輪がくさりのようにつながったステッチ。
輪の大きさをそろえると、きれいです。
面を埋めるときにもおすすめ。

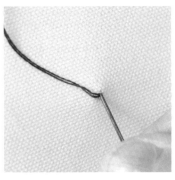

1 布の裏から針を出し、同じ穴
にもう一度針を入れる。

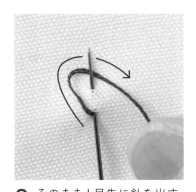

2 そのまま1目先に針を出す。
針に糸をかけて輪を作り、針
を引き抜く。
point 強く引きすぎると、輪
がつぶれてしまうので注意。

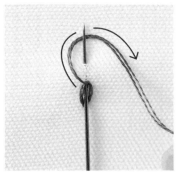

3 2で作った輪の中に針を入れ、
さらに1目先に針を出す。2
と同様に針に糸をかけて輪を
作り、針を引き抜く。これを
繰り返す。

きれいに刺すコツ

丸いチェーンステッチを閉じる

チェーンを最後まで刺したら刺しはじめの輪に入れる。

いろいろなタイプを使い分ける

糸のひき加減や針目によって、輪
を小さくしたり大きくしたり、刺
しはじめと終わりを中心に刺して
花の形にしたりできる。

4 アウトラインステッチ

針目が半分くらい重なるように刺すステッチです。
輪かくや線を描くときに使います。

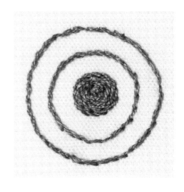

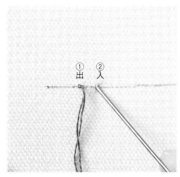

1 布の裏から針を出し（①）、②に入れる。

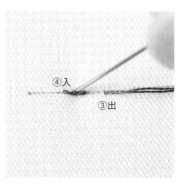

2 半針先の③に針を出し、①と②の半分程度の糸の下④に針を入れる。

`point` 1の糸を割らないように気をつける。

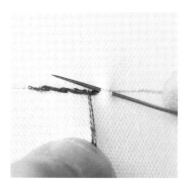

3 2を繰り返す。

`point` 一緒にすると時間短縮になる。

きれいに刺すコツ

ラインの太さを変える

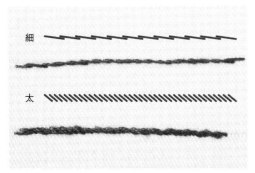

細

太

細い線にしたいときは角度をゆるく、太い線にしたいときは角度を急にする。

右進行に刺す

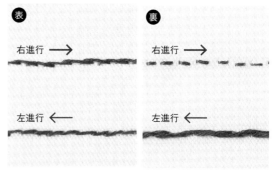

表　裏

右進行 →　右進行 →

左進行 ←　左進行 ←

右側に線ができるように刺すと、裏側もきれいに仕上がる。左側に進んでも表は変わらないが、裏は重なりが多くなり、糸もたくさん使うことになるので注意。

5 フレンチノットステッチ

針に糸をくるくると巻きつけて作るステッチ。
たくさん刺すと、面にすることもできます。

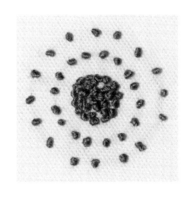

1 布の裏から針を出し、固定して針に3回糸を巻きつける。

point 巻く回数は好みの玉の大きさによって変更する。2〜4回が目安。本書では3回。

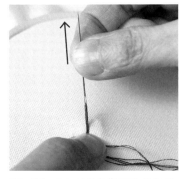

2 巻いたところを指でおさえて、針を引き抜く。

3 針を垂直に立て、巻いたところのすぐ横に針を入れて裏に出す。

point 巻いたところをどちらに向かせたいかによって、針の位置を変える。

きれいに刺すコツ

同じ大きさにそろえる

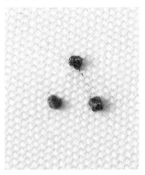

同じ強さで糸を引くと、同じ大きさにそろいやすい。

きれいに密集させる

すき間が出ないように刺すと、面のような仕上がりになる。

大きさを変える

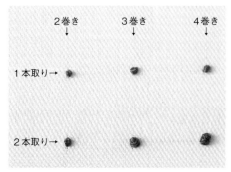

巻く回数や糸の太さで、大きさや雰囲気が変わる。

6 ブランケットステッチ

フェルト小物など、2枚の布を
合わせたいときにも便利なステッチ。
間隔を変えると、雰囲気が変わります。

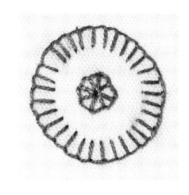

1 布の裏から針を出し（①）、
②に入れる。

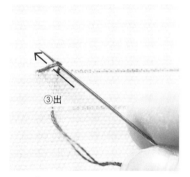

2 ③から出して、1の糸の間に
針を入れる。

3 そのまま上に引き抜く。

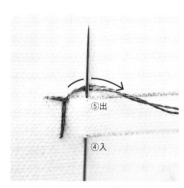

4 ④に針を入れ、⑤から出して
針に糸をかけ、針を引き抜く。

5 4を繰り返す。
point 縦の長さ、ステッチの
間隔をそろえる。

きれいに刺すコツ

円形に刺す

中心を起点にして刺す。

図案を刺す順番

刺しゅうをする順番にとくに決まりはありませんが、仕上がりがきれいになるコツを紹介します。

刺す順番の例

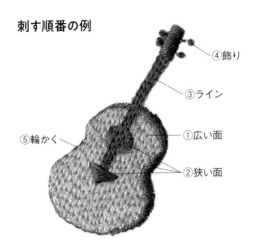

- ④飾り
- ③ライン
- ①広い面
- ⑤輪かく
- ②狭い面

きれいに刺すための基本ルール

きれいに刺しゅうを刺すためのコツは、ラインより先に面を刺すこと、広い面→狭い面の順で刺すことです。輪かくは最後がおすすめです。

ギター（図案 p.61）を刺してみよう

1 図案を用意し、トレースする（p.38）。

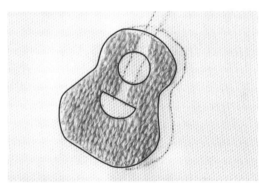

2 広い面を刺す。この場合はチェーンステッチ（p.46）。

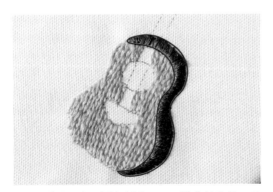

3 2番目に広い面を刺す。この場合はサテンステッチ（p.45）。

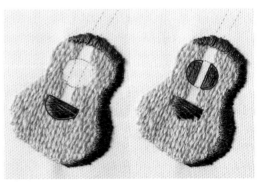

4 狭い面を刺す。この場合はサテンステッチ（p.45）。

point 狭い面はどこから刺してもOK。モチーフによって、刺す向きを変えよう（p.51）。

5 線の部分を刺す。この場合はチェーンステッチ（p.46）で4本。

6 飾りを刺す。この場合はサテンステッチ（p.45）。

7 飾りを刺す。この場合はフレンチノットステッチ（p.48）。

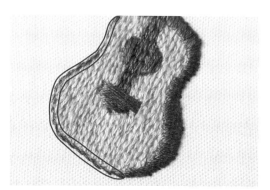

8 輪かくを刺す。この場合はアウトラインステッチ（p.47）。

✳ 面を刺すときのパターン

同じモチーフでも、直線的に刺していくのか、ぐるぐると円を描くように刺していくのかで雰囲気が変わります。とくに決まりはありませんので、いろいろと試してみましょう。

直線的に　　　円を描くように

直線的に　　　円を描くように

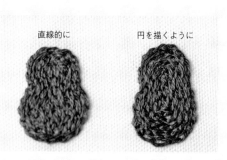

こんなときはどうしよう？

Q & A

刺しゅうをしているときによくある「困った」に答えます。ぜひ参考にしてみてください。

Q 幅がうまくそろわなかったり、斜めになったりする

A 図案に小さく点を描いたり、途中で目印をつけたりして、ガイドを足すと刺しやすくなります。

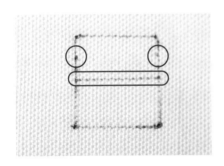

Q 途中で糸が足りなくなった

A ステッチの最後の手順になるところで終わり、継ぎ足した糸は次の手順のはじめから刺すようにすると、きれいに仕上がります。

Q 面のステッチにすき間ができた

A すき間ができたところまで戻って刺し直すのがいちばんですが、サテンステッチの場合は、最後まで刺したら糸を切り、すき間ができたところをまっすぐ刺し直すと埋めることができます。

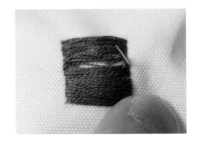

Q ステッチを間違えたので、糸をきれいにほどきたい

A 針の頭を、刺したところに入れて糸を持ち上げると、簡単に糸を引き抜くことができます（p.43）。

チェーンステッチの場合

輪に針の頭を入れて1目ずつ引き抜いていきましょう。

Q うまく色を決めることができない

A 色に迷った場合は、メインカラーをひとつ決め、その同系色でまとめるとよいでしょう。布地に合うと思った色でもいいですし、思い切って布地と反対色を選んでも楽しいです。

Q もっときれいな形に刺したい

A 図案の線に、ステッチの幅や位置などを描き足しておくと、刺しやすくなります。目安となるものをプラスしてみましょう。

Q 刺しゅうをし終わった後に、布がひきつってしわになった

A 布全体に霧吹きをし、もう一度刺しゅう枠に張り直して乾かします。乾いたら、アイロンをするとしわが取れます。

円 & 線 Circle & line photo ▶p.4-5

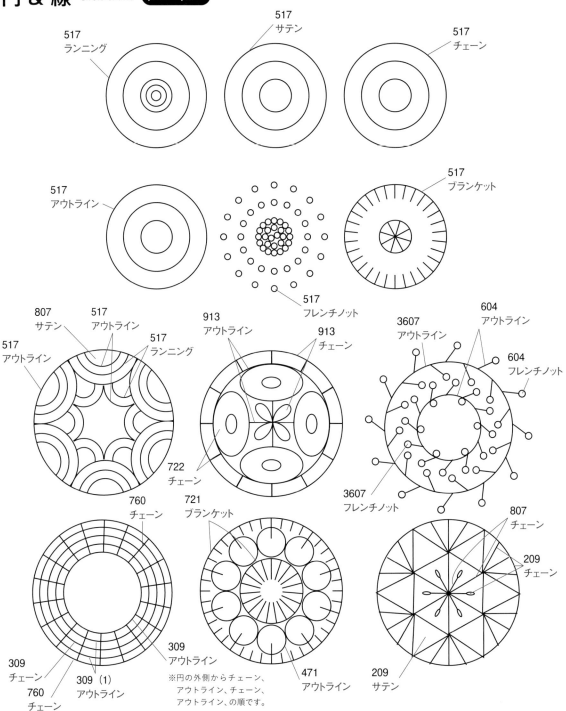

517
ランニング

517
サテン

517
チェーン

517
アウトライン

517
フレンチノット

517
ブランケット

807
サテン

517
アウトライン

517
アウトライン

517
ランニング

913
アウトライン

913
チェーン

3607
アウトライン

604
アウトライン

604
フレンチノット

3607
フレンチノット

722
チェーン

760
チェーン

721
ブランケット

807
チェーン

209
チェーン

309
チェーン

760
チェーン

309 (1)
アウトライン

309
アウトライン

471
アウトライン

209
サテン

※円の外側からチェーン、
　アウトライン、チェーン、
　アウトライン、の順です。

● 糸はすべて25番を使用。番号は糸番号。
● 指定以外は2本どり。指定がある場合は、数字の後ろに(1)
　(3)のように本数を入れています。
● フレンチノットはすべて3回巻き。
● ステッチ名は全て、「ステッチ」を省略。
● 図案はできあがりと同じ大きさ（原寸）。
　好みの大きさに拡大縮小して使用ください。

使用色

・青系	・オレンジ系	・赤・ピンク系
517	721	309
807	722	604
・緑系	・紫系	760
471	209	3607
913		

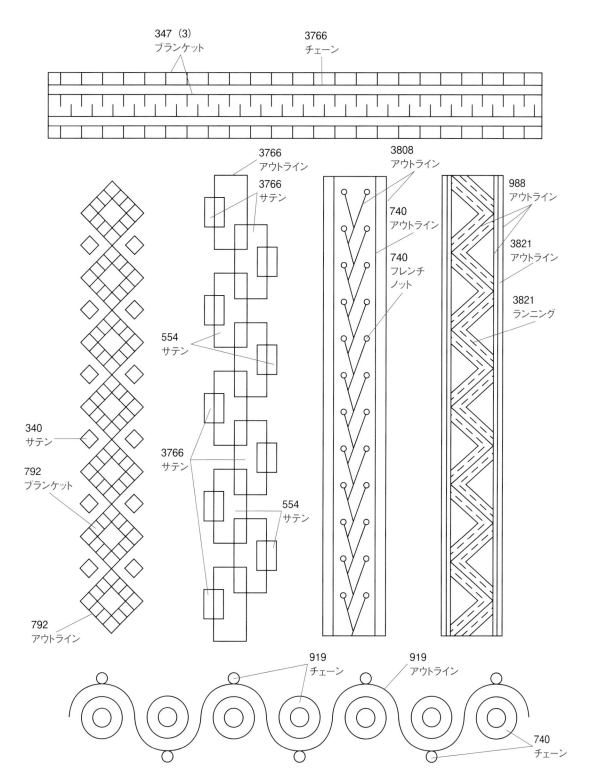

347（3）
ブランケット

3766
チェーン

3766
アウトライン

3766
サテン

3808
アウトライン

740
アウトライン

740
フレンチ
ノット

988
アウトライン

3821
アウトライン

3821
ランニング

554
サテン

340
サテン

792
ブランケット

3766
サテン

554
サテン

792
アウトライン

919
チェーン

919
アウトライン

740
チェーン

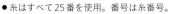

● 糸はすべて25番を使用。番号は糸番号。
● 指定以外は2本どり。指定がある場合は、数字の後ろに(1)
　（3）のように本数を入れています。
● フレンチノットはすべて3回巻き。
● ステッチ名は全て、「ステッチ」を省略。
● 図案はできあがりと同じ大きさ（原寸）。
　好みの大きさに拡大縮小して使用してください。

使用色

・青系	・オレンジ系	・赤・ピンク系
792	740	347
3766	・黄色系	554
3808	3821	919
・緑系	・紫系	
988	340	

 Circle, triangle, square　photo ▶ p.6

にじ上から 309、726、701、517、208
チェーン

旗左から 913、3761、309、3821、3761、913
チェーン

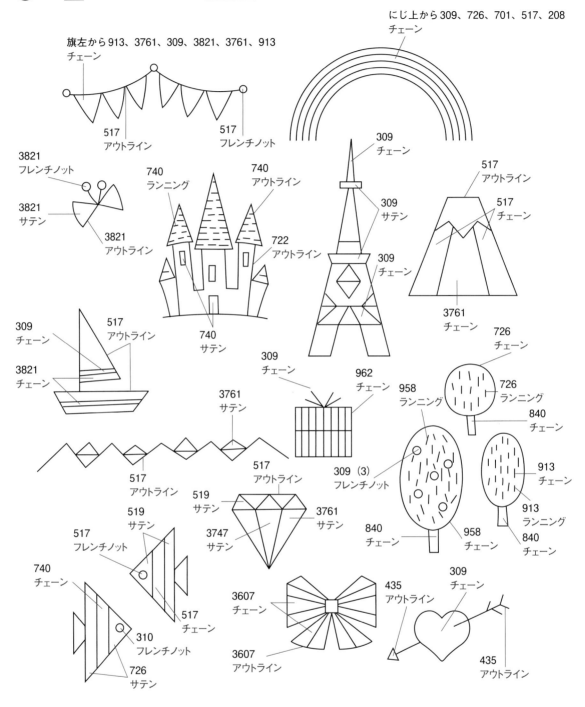

517
アウトライン

517
フレンチノット

3821
フレンチノット

3821
サテン

3821
アウトライン

740
ランニング

740
アウトライン

722
アウトライン

740
サテン

309
チェーン

309
サテン

309
チェーン

517
アウトライン

517
チェーン

3761
チェーン

726
チェーン

726
ランニング

840
チェーン

309
チェーン

517
アウトライン

3821
チェーン

3761
サテン

962
チェーン

958
ランニング

913
チェーン

913
ランニング

840
チェーン

517
アウトライン

517
アウトライン

309（3）
フレンチノット

840
チェーン

958
チェーン

840
チェーン

519
サテン

3761
サテン

517
フレンチノット

519
サテン

3747
サテン

740
チェーン

517
チェーン

310
フレンチノット

726
サテン

3607
チェーン

3607
アウトライン

435
アウトライン

309
チェーン

435
アウトライン

● 糸はすべて25番を使用。番号は糸番号。
● 指定以外は2本どり。指定がある場合は、数字の後ろに(1)
　(3) のように本数を入れています。
● フレンチノットはすべて3回巻き。
● ステッチ名は全て、「ステッチ」を省略。
● 図案はできあがりと同じ大きさ（原寸）。
　好みの大きさに拡大縮小して使用してください。

使用色

・青系		・赤・ピンク系	・茶系
517	958	309	435
519	・オレンジ系	962	840
3761	722	3607	・白系
・緑系	740	・紫系	3747
701	・黄色系	208	・黒系
913	726		310
	3821		

花 Flower `photo ▶ p.7`

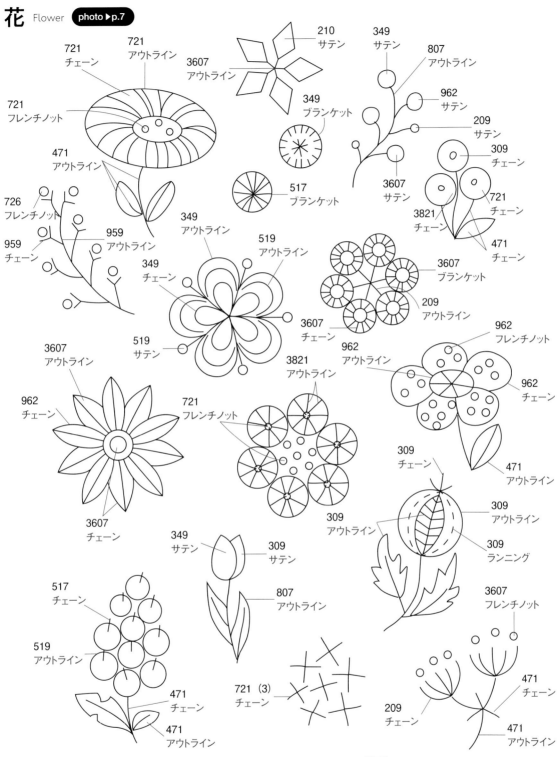

721
チェーン

721
アウトライン

3607
アウトライン

210
サテン

349
サテン

807
アウトライン

721
フレンチノット

349
ブランケット

962
サテン

209
サテン

309
チェーン

471
アウトライン

517
ブランケット

3607
サテン

721
チェーン

726
フレンチノット

3821
チェーン

471
チェーン

959
チェーン

959
アウトライン

349
アウトライン

519
アウトライン

3607
ブランケット

209
アウトライン

349
チェーン

962
フレンチノット

3607
アウトライン

519
サテン

3607
チェーン

962
アウトライン

962
チェーン

962
チェーン

721
フレンチノット

3821
アウトライン

471
アウトライン

3607
チェーン

309
チェーン

309
アウトライン

349
サテン

309
アウトライン

309
サテン

309
アウトライン

517
チェーン

309
ランニング

3607
フレンチノット

519
アウトライン

807
アウトライン

471
チェーン

471
チェーン

721 (3)
チェーン

471
アウトライン

209
チェーン

471
アウトライン

●糸はすべて25番を使用。番号は糸番号。
●指定以外は2本どり。指定がある場合は、数字の後ろに(1)
　(3)のように本数を入れています。
●フレンチノットはすべて3回巻き。
●ステッチ名は全て、「ステッチ」を省略。
●図案はできあがりと同じ大きさ（原寸）。
　好みの大きさに拡大縮小して使用してください。

使用色

・青系		・オレンジ系	309
517		721	962
519		・黄色系	3607
807		726	・紫系
・緑系		3821	209
471		・赤・ピンク系	210
959		349	

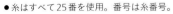

フルーツ & ベジタブル　Fruit & Vegetable　photo ▶ p.8

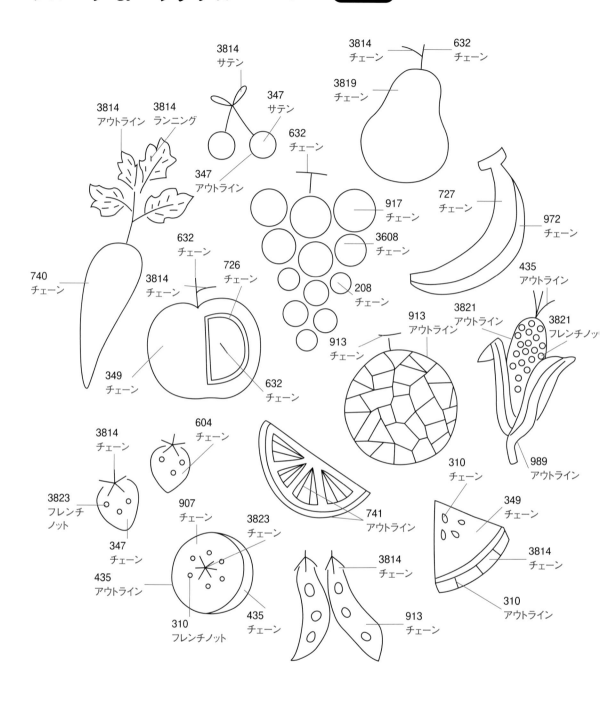

3814
サテン

347
サテン

3814
アウトライン

3814
ランニング

3814
チェーン

632
チェーン

3819
チェーン

632
チェーン

347
アウトライン

632
チェーン

917
チェーン

727
チェーン

972
チェーン

740
チェーン

632
チェーン

726
チェーン

3814
チェーン

3608
チェーン

435
アウトライン

3821
アウトライン

3821
フレンチノット

208
チェーン

913
アウトライン

349
チェーン

913
チェーン

632
チェーン

989
アウトライン

3814
チェーン

604
チェーン

310
チェーン

349
チェーン

3823
フレンチ
ノット

907
チェーン

3823
チェーン

741
アウトライン

3814
チェーン

347
チェーン

435
アウトライン

310
アウトライン

435
チェーン

310
フレンチノット

913
チェーン

3814
チェーン

●糸はすべて25番を使用。番号は糸番号。
●指定以外は2本どり。指定がある場合は、数字の後ろに(1)
　(3) のように本数を入れています。
●フレンチノットはすべて3回巻き。
●ステッチ名は全て、「ステッチ」を省略。
●図案はできあがりと同じ大きさ（原寸）。
　好みの大きさに拡大縮小して使用してください。

使用色

・緑系	・黄色系	・赤・ピンク系	・茶系
907	726	347	435
913	972	349	632
989	727	604	・白系
3814	3819	917	3823
・オレンジ系	3821	3608	・黒系
740		・紫系	310
741		208	

お菓子 Sweets photo ▶p.9

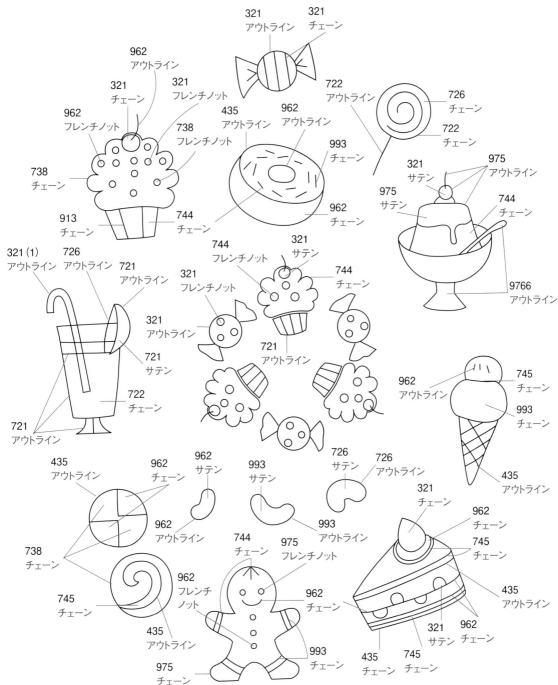

321 アウトライン
321 チェーン
722 アウトライン
726 チェーン
722 チェーン

962 アウトライン
321 チェーン
321 フレンチノット
962 フレンチノット
738 フレンチノット
435 アウトライン
962 アウトライン
993 チェーン
321 サテン
975 アウトライン
975 サテン
744 チェーン
738 チェーン
913 チェーン
744 チェーン
962 チェーン
9766 アウトライン

321 (1) アウトライン
726 アウトライン
721 アウトライン
744 フレンチノット
321 サテン
744 チェーン
321 アウトライン
321 フレンチノット
721 サテン
721 アウトライン
722 チェーン
721 アウトライン

962 アウトライン
745 チェーン
993 チェーン
435 アウトライン

435 アウトライン
962 チェーン
962 サテン
993 サテン
726 サテン
726 アウトライン
962 アウトライン
321 チェーン
962 チェーン
745 チェーン
738 チェーン
745 チェーン
962 フレンチノット
744 チェーン
975 フレンチノット
962 チェーン
435 アウトライン
435 アウトライン
975 チェーン
993 チェーン
435 チェーン
745 チェーン
321 サテン
962 チェーン

使用色

・青系	・黄色系	・茶系
9766	726	435
・緑系	744	975
913	745	・白系
993	・赤・ピンク系	738
・オレンジ系	321	
721	962	
722		

● 糸はすべて25番を使用。番号は糸番号。
● 指定以外は2本どり。指定がある場合は、数字の後ろに(1)(3)のように本数を入れています。
● フレンチノットはすべて3回巻き。
● ステッチ名は全て、「ステッチ」を省略。
● 図案はできあがりと同じ大きさ（原寸）。好みの大きさに拡大縮小して使用してください。

海の生き物 Marine life photo ▶p.10

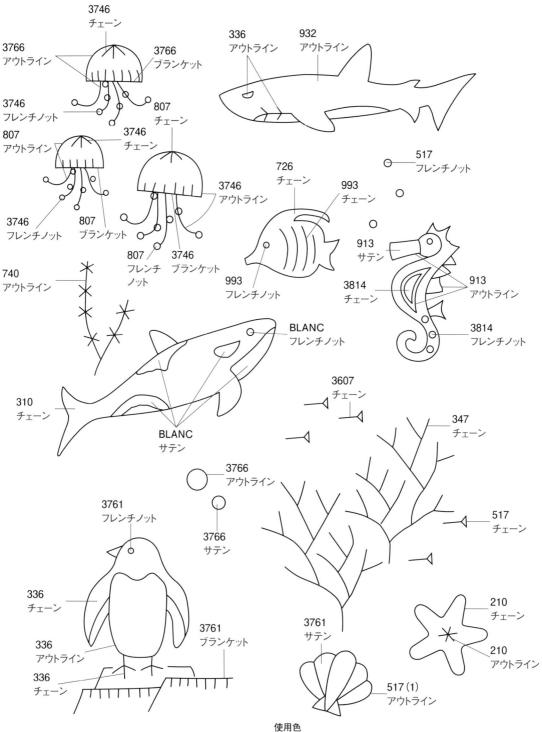

3746
チェーン

3766
アウトライン

3766
ブランケット

3746
フレンチノット

807
チェーン

807
アウトライン

3746
チェーン

3746
アウトライン

3746
フレンチノット

807
ブランケット

807
フレンチノット

3746
ブランケット

336
アウトライン

932
アウトライン

517
フレンチノット

726
チェーン

993
チェーン

913
サテン

3814
チェーン

913
アウトライン

3814
フレンチノット

993
フレンチノット

740
アウトライン

BLANC
フレンチノット

310
チェーン

BLANC
サテン

3607
チェーン

347
チェーン

3766
アウトライン

3766
サテン

517
チェーン

3761
フレンチノット

336
チェーン

336
アウトライン

3761
ブランケット

336
チェーン

3761
サテン

210
チェーン

210
アウトライン

517(1)
アウトライン

● 糸はすべて25番を使用。番号は糸番号。
● 指定以外は2本どり。指定がある場合は、数字の後ろに(1)
　(3) のように本数を入れています。
● フレンチノットはすべて3回巻き。
● ステッチ名は全て、「ステッチ」を省略。
● 図案はできあがりと同じ大きさ (原寸)。
　好みの大きさに拡大縮小して使用してください。

使用色

青系	緑系	黄色系	紫系
336	913	726	3746
517	993	赤・ピンク系	白系
807	3814	210	BLANC
932	オレンジ系	347	黒系
3761	740	3607	310
3766			

楽器 Instruments　photo ▶ p.11

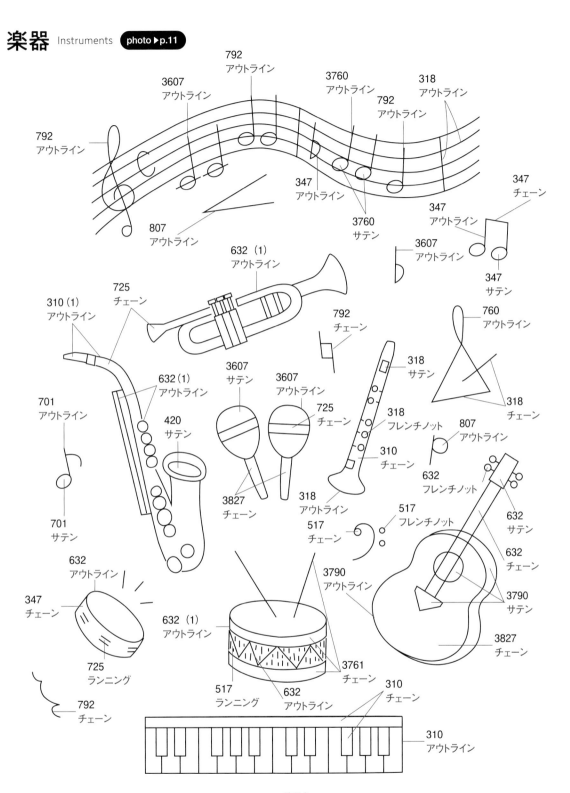

かんたん＆かわいい図案

792 アウトライン
3607 アウトライン
792 アウトライン
3760 アウトライン
792 アウトライン
318 アウトライン
347 チェーン
807 アウトライン
347 アウトライン
3760 アウトライン
3760 サテン
347 アウトライン
3607 アウトライン
347 サテン

632（1）アウトライン
725 チェーン
792 チェーン
760 アウトライン
310（1）アウトライン
318 サテン
318 チェーン
701 アウトライン
632（1）アウトライン
3607 サテン
3607 アウトライン
725 チェーン
318 フレンチノット
807 アウトライン
420 サテン
310 チェーン
632 フレンチノット
701 サテン
3827 チェーン
318 アウトライン
517 フレンチノット
632 サテン
517 チェーン
632 チェーン
632 アウトライン
3790 アウトライン
3790 サテン
347 チェーン
725 ランニング
632（1）アウトライン
3827 チェーン
792 チェーン
517 ランニング
632 アウトライン
3761 チェーン
310 チェーン
310 アウトライン

- 糸はすべて25番を使用。番号は糸番号。
- 指定以外は2本どり。指定がある場合は、数字の後ろに(1)(3)のように本数を入れています。
- フレンチノットはすべて3回巻き。
- ステッチ名は全て、「ステッチ」を省略。
- 図案はできあがりと同じ大きさ（原寸）。
  好みの大きさに拡大縮小して使用してください。

使用色

・青系		・黄色系	・茶系
318	3761	725	420
517	・緑系	・赤・ピンク系	632
792	701	347	3790
807	・オレンジ系	760	・黒系
3760	3827	3607	310

自然 Nature photo ▶p.12-13

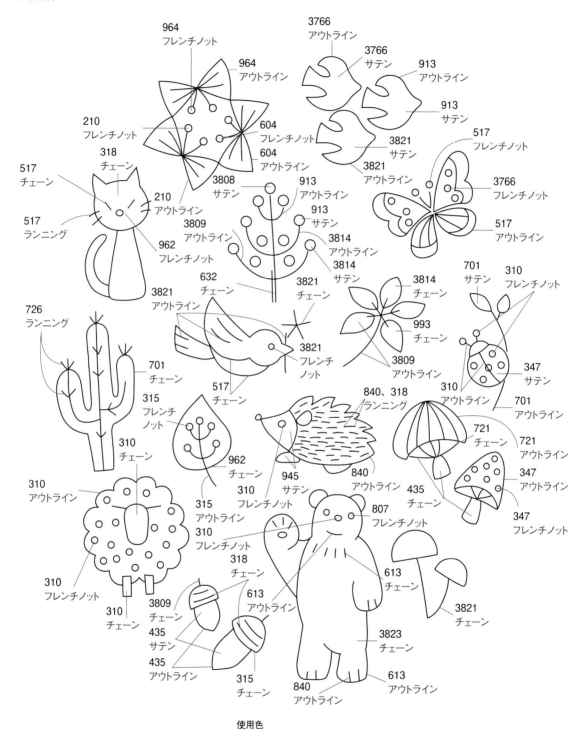

964
フレンチノット

964
アウトライン

3766
アウトライン

3766
サテン

913
アウトライン

913
サテン

210
フレンチノット

318
チェーン

604
フレンチノット

604
アウトライン

3821
サテン

517
フレンチノット

517
チェーン

3808
サテン

210
アウトライン

913
アウトライン

3821
アウトライン

3766
フレンチノット

517
ランニング

962
フレンチノット

3809
アウトライン

913
サテン

3814
アウトライン

3814
サテン

517
アウトライン

726
ランニング

632
チェーン

3821
アウトライン

3814
チェーン

701
サテン

310
フレンチノット

3821
チェーン

993
チェーン

3809
アウトライン

701
チェーン

315
フレンチノット

517
チェーン

3821
フレンチノット

310
アウトライン

347
サテン

310
チェーン

315
アウトライン

840、318
ランニング

701
アウトライン

721
チェーン

721
アウトライン

310
アウトライン

962
チェーン

945
サテン

310
フレンチノット

840
アウトライン

435
チェーン

347
アウトライン

315
アウトライン

310
フレンチノット

807
フレンチノット

347
フレンチノット

310
フレンチノット

310
チェーン

3809
チェーン

318
チェーン

613
アウトライン

613
チェーン

3821
チェーン

435
サテン

435
アウトライン

3823
チェーン

315
チェーン

840
アウトライン

613
アウトライン

使用色

・青系	・緑系	・黄色系	・紫系	・白系
318	701	726	210	3823
517	913	3821	・茶系	・黒系
807	993	・赤・ピンク系	315	310
964	3814	347	435	
3766	・オレンジ系	604	613	
3808	721	962	632	
3809	945		840	

- 糸はすべて25番を使用。番号は糸番号。
- 指定以外は2本どり。指定がある場合は、数字の後ろに（1）（3）のように本数を入れています。
- フレンチノットはすべて3回巻き。
- ステッチ名は全て、「ステッチ」を省略。
- 図案はできあがりと同じ大きさ（原寸）。好みの大きさに拡大縮小して使用してください。

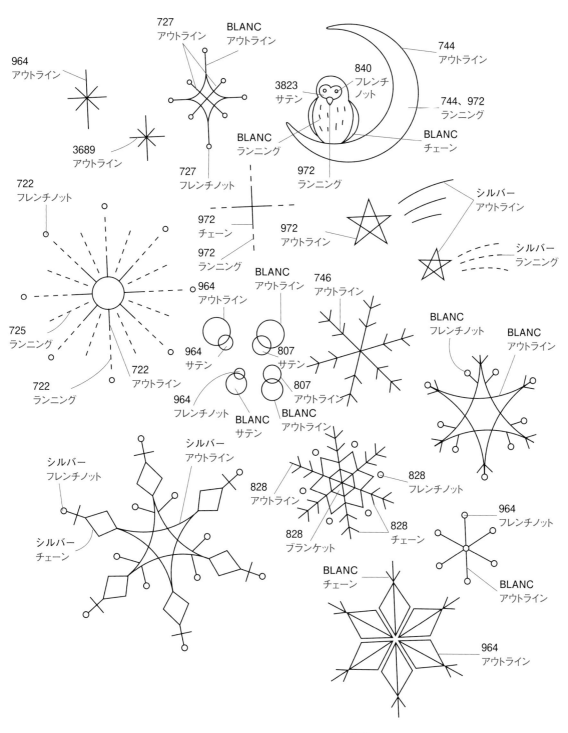

964
アウトライン

727
アウトライン

BLANC
アウトライン

744
アウトライン

840
フレンチ
ノット

3823
サテン

744、972
ランニング

3689
アウトライン

BLANC
ランニング

BLANC
チェーン

722
フレンチノット

727
フレンチノット

972
ランニング

972
チェーン

972
ランニング

972
アウトライン

シルバー
アウトライン

シルバー
ランニング

964
アウトライン

BLANC
アウトライン

746
アウトライン

BLANC
フレンチノット

BLANC
アウトライン

725
ランニング

964
サテン

807
サテン

722
アウトライン

964
フレンチノット

807
アウトライン

722
ランニング

BLANC
サテン

BLANC
アウトライン

シルバー
フレンチノット

シルバー
アウトライン

828
フレンチノット

シルバー
チェーン

828
アウトライン

828
チェーン

964
フレンチノット

828
ブランケット

BLANC
チェーン

BLANC
アウトライン

964
アウトライン

- 糸はすべて25番を使用。番号は糸番号。
- 指定以外は2本どり。指定がある場合は、数字の後ろに(1)
  (3)のように本数を入れています。
- フレンチノットはすべて3回巻き。
- ステッチ名は全て、「ステッチ」を省略。
- 図案はできあがりと同じ大きさ（原寸）。
  好みの大きさに拡大縮小して使用してください。

使用色

・青系	・黄色系	・茶系
807	725	840
828	727	・白系
・緑系	744	746
964	972	3823
・オレンジ系	・赤・ピンク系	BLANC
722	3689	シルバー

模様 pattern `photo ▶ p.14-15`

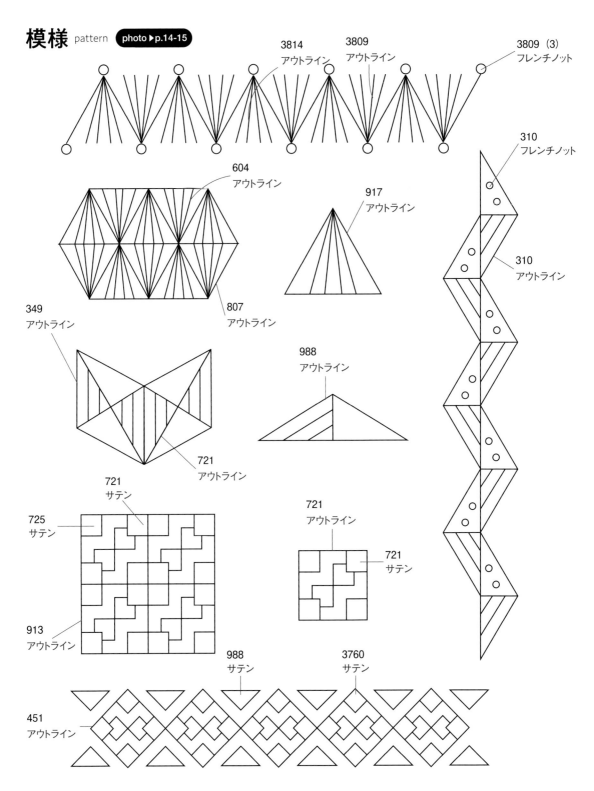

- 3814 アウトライン
- 3809 アウトライン
- 3809（3） フレンチノット
- 604 アウトライン
- 917 アウトライン
- 310 フレンチノット
- 310 アウトライン
- 349 アウトライン
- 807 アウトライン
- 721 アウトライン
- 988 アウトライン
- 721 サテン
- 725 サテン
- 721 アウトライン
- 721 サテン
- 913 アウトライン
- 988 サテン
- 3760 サテン
- 451 アウトライン

● 糸はすべて25番を使用。番号は糸番号。
● 指定以外は2本どり。指定がある場合は、数字の後ろに（1）
　（3）のように本数を入れています。
● フレンチノットはすべて3回巻き。
● ステッチ名は全て、「ステッチ」を省略。
● 図案はできあがりと同じ大きさ（原寸）。
　好みの大きさに拡大縮小して使用してください。

使用色

•青系	•赤・ピンク系	•黒系
807	349	310
3760	•オレンジ系	
3809	604	
•緑系	917	
988	•紫系	
3814	451	
913		
721		
•黄色系		
725		

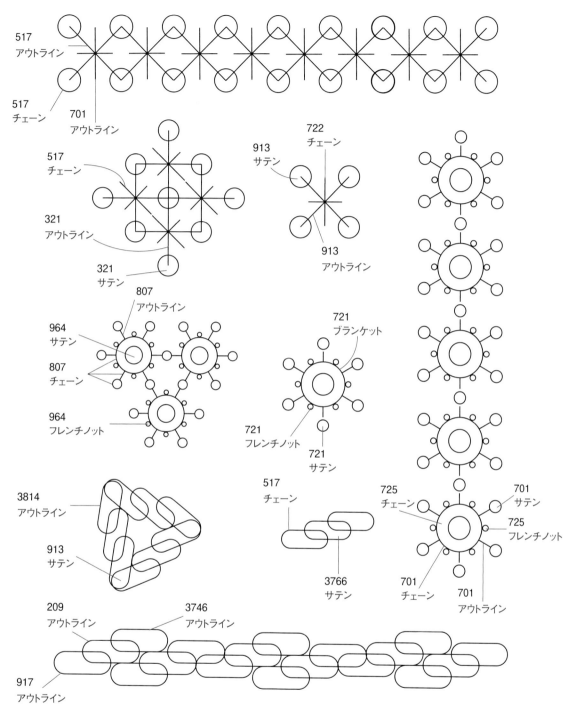

- 糸はすべて25番を使用。番号は糸番号。
- 指定以外は2本どり。指定がある場合は、数字の後ろに(1)（3）のように本数を入れています。
- フレンチノットはすべて3回巻き。
- ステッチ名は全て、「ステッチ」を省略。
- 図案はできあがりと同じ大きさ（原寸）。
  好みの大きさに拡大縮小して使用してください。

使用色

・青系	913	・黄色系	・紫系
517	964	725	209
807	3814	・赤・ピンク系	3746
3766	・オレンジ系	321	
・緑系	721	917	
701	722		

リメイクの仕方&ポイント

服や小物にワンポイントを刺すとき、汚れや穴をを隠して
リメイクしたいときの方法を紹介します。

[洋服にプラスワン]

シャツ photo ▶ p.16

● 伸びやすい素材のときのステッチ

Tシャツのように伸びやすい素材に面を刺したい
ときは、サテンステッチよりも、生地をひっぱり
にくいチェーンステッチのほうがおすすめです。

チェーンステッチ

サテンステッチ

● えりの裏側の刺しはじめと終わり

2枚仕立てになっている布は中で糸がからまるの
で、玉留めしなくても大丈夫。見えにくい位置に
糸を出して始末しましょう（p.69）。

くつ下 photo ▶ p.17

● 刺しゅう枠の代わりに厚紙を使う

刺しゅう枠をはめにくいとき、下の布をすくいたくないときは厚紙を使います。
かかとに刺したいときは、くつ下の底の丸みにフィットするように、厚紙の先を丸く切ります。

1 くつ下の中に厚紙を入れる。

2 くつ下の中に手を入れ、厚紙の下にそえて刺しゅうする。

ボタンホール `photo ▶ p.18`

● ボタンホールに ステッチする

アウトラインステッチとフレンチノットステッチだけで、かんたんにアレンジできます。糸は2本取りです。

1 ペン（消えるペンやチャコペンなど）で、上下に3つ点を描く。
point ボタンホール上の点は少し上げて、左右のふたつの点はそれよりも下に描く。

2 布の裏から、ボタンホールの先に針を出す。
point ボタンホールのとがった先の上に針を出す。

3 上の点に向かってアウトラインステッチをする。

4 2と同じ場所を起点に、左右もアウトラインステッチをする。下の3つも同様にする。

6 線の先にフレンチノットステッチをする。
point 3本取りにして、点を大きくするとかわいい。

● ブランケットステッチで ボタン周りを刺す

4つ穴のボタンに刺します。ボタンを外さず、そのまま刺すことができて便利です。

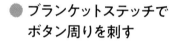

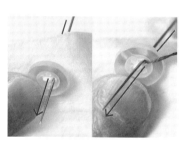

1 布の裏から、ボタンの穴に針を出す。さらにボタンの裏から、ボタンの穴に針を出す。

2 1の糸に針をひっかけてひっぱる。

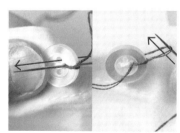

3 同様にボタンの裏から針を出し、糸をひっかけてひっぱる。
point ブランケットステッチと同じ刺し方。

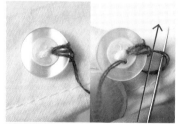

4 もう一度3と同様にし、ひとつの穴に3本になるようにする。次の穴にボタンの裏から針を入れ、糸をひっかけてひっぱる。

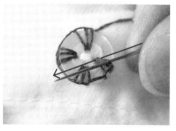

5 ほかの穴も同様にする。4つ目の穴も3本になったら、最初の糸に針をひっかけて、布の裏で玉留めする。

リメイクの仕方＆ポイント

● くるみボタンを作る

くるみボタン専用の道具を
使って作ります。サイズに
合わせて布に刺しゅうをした
ら、刺しゅうが真ん中に来る
ようにセットします。

1 台座の上に布、ボタンの順に重
ねる。ボタンの内側に布を折り
込む。

2 ボタン裏を入れ、打ち具で押し
込む。

首元、そで口 `photo ▶ p.19`

● 服に合わせて
刺しゅうの大きさも変更

そで口の刺しゅうの長さは実際
の服の長さに合わせて。

花の図案はp.7の花を組み合わせています。組み合わせパターンを変えると、自分だ
けのオリジナルの図案を作ることもできます。
※色は310。

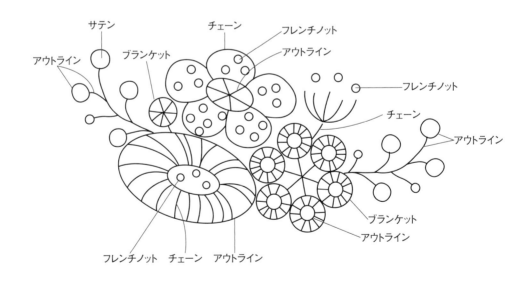

［小物にプラスワン］

コースター、ハンカチ photo ▶ p.20 ※ポットマットの色は、807、3746に変更しています。

● タオル地に刺すときのコツ

タオル地や図案が書きづらい布に図案をトレースする場合は、水に溶けるシートがおすすめです（p.38）。

タオル地のようにふわふわした素材に刺すときは、上部の布だけをすくいがちです。しっかり裏まで刺してください。たまに裏を見て確認をしましょう。

リメイクの仕方＆ポイント

● 2枚仕立ての布に刺す

2枚仕立てになっている布は、最初と最後に玉留めしなくても糸が外れることはありません。図案から少し離れたところで糸を切ります。

1 図案から少し離れたところから針を入れる。

2 1の糸端を出したまま刺しゅうをする。

3 刺し終わったら、1目戻って刺す。これでしっかり糸が留まる。

4 図案から少し離れたところから裏に針を出す。

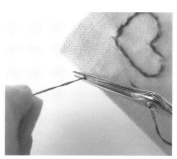

5 布端ギリギリで両方の糸を切る。

69

ペンケース photo ▶ p.21

● 刺しゅうする素材に合わせて 刺し方に工夫を

袋になっている状態のものに刺す場合は、くつ下に刺すとき（p.66）のように、厚紙を入れます。ビニール素材のように、透けているものに刺す場合は、図案を中に入れて上からうつすことができます。

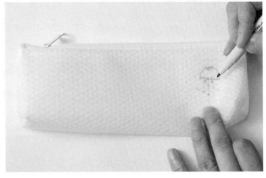

ビニール素材は透けて見えるので、下（ペンケースの中）に図案を入れてうつせます。水で消えるペンで描きましょう。

箱 photo ▶ p.21

● リボンに刺しゅうして ラッピング

刺しゅうをしたリボンでラッピングすれば、プレゼントにぴったり。図案をアレンジして、オリジナルのものを作りましょう。

刺しゅうしたリボンの端に両面テープをつけて貼り合わせます。

箱だけでなく、ビンやプレゼントに巻いても。

p.7の花を組み合わせて作っています。刺したい布やリボンの幅に合わせて、長さや大きさはアレンジしてください。
※p.21の作品と同じ大きさにしたい場合は160％拡大。

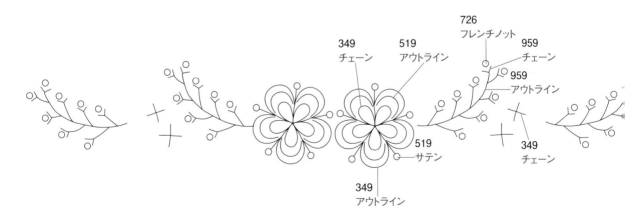

349
チェーン

519
アウトライン

726
フレンチノット

959
チェーン

959
アウトライン

519
サテン

519
アウトライン

349
チェーン

349
アウトライン

帽子 `photo ▶ p.22`

● リボンに刺しゅうをして
ボタンでとめる

布製の帽子のワンポイントに刺しゅうをしたり、
刺しゅうをしたリボンを帽子に巻いたりしてリ
メイクしましょう。

帽子の長さに合わせて刺しゅうをして、ボタンでとめれ
ばできあがり。刺しゅうしたリボンを何本か作って、気
分に合わせて変えるのも楽しいです。

エコバッグ `photo ▶ p.23`

● 大きな刺しゅうを1点プラスして
イメージチェンジ

大きな刺しゅうを1点プラスすると、雰囲気がガ
ラッと変わります。角に刺しゅうすれば、補強に
もなります。

p.8のフルーツと、p.14の模様を拡大しています。大きさが違う
だけで印象も変わるので、いろいろと試してましょう。
※ステッチや色については、それぞれのページ (p.58、64) を参照。

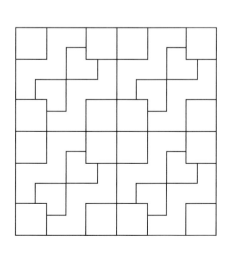

［穴・汚れを隠す］

服 photo ▶p.24-26

● 刺しゅうをバランスよく
　配置して穴や汚れを隠す

まん中を起点としてチェーンステッチを刺すと、十字架のような小花になります。小さな穴や汚れを隠したいときにおすすめです。汚れが大きいときは、リボンのように面になっている図案が隠しやすいです。大きな汚れのときは、図案を拡大して使いましょう。

p.6のリボンと、チェーンステッチで作ったお花の組み合わせ。汚れや穴がないところにも刺しゅうを刺して、バランスよく仕上げています。
※色は3607。
※p.24の作品と同じ大きさにしたい場合200％拡大。

セーター photo ▶p.26

● ブランケットステッチのお花で 小さな穴を隠す

小さな穴なら、ブランケットステッチで隠しましょう。下記のように六角形にするだけでも小さな穴や汚れを隠すことができます。作品写真ではこれを中心として雪の結晶にしています（p.13）。

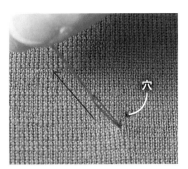

1 布の裏から穴の横に針を出す。
point ニットやTシャツなどのびる素材の生地の場合は、あまり刺しゅう枠を強めに張りすぎないように。

2 穴に針を入れる。

3 1の横に出す。

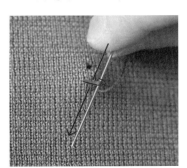

4 針に3の糸をひっかける。

5 ブランケットステッチができる。

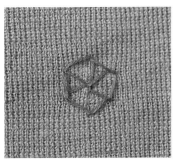

6 2～5を5回繰り返して、六角形にする。このまま雪の結晶（p.13）を刺し続ける。

エコバッグ photo ▶ p.27

● 持ち手の幅に合わせて ステッチをプラス

p.5の線の図案の左右に、チェーンステッチを
プラスしています。自分の刺したい幅に合わせ
て、いろいろとアレンジしてみましょう。ステ
ッチが増えると強度が増します。

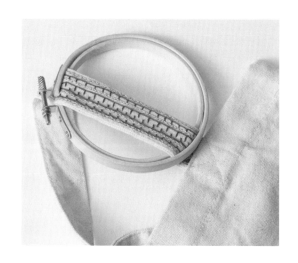

［飾りをつける］

服 photo ▶ p.28

● 刺しゅうにビーズを 足して飾る

極細の毛糸を2本取りにして、
刺しゅうをしています。飾りに
するビーズは手元にあるものや、
つけなくなったアクセサリーを
分解してリメイクするのもおす
すめです。

1 ドーナツ形をイメージしてサ
テンステッチをする。放射状
にガイドとなる線を刺す。

2 ガイドの間を埋めるように刺
していく。
point p.45の「きれいに刺す
コツ」の「放射状に刺す」と
同じ手順。

3 お花がひとつ完成。他のお花
も1～3と同様に刺す。

4 茎はアウトラインステッチで
刺す。

5 ビーズを縫いつける。

サテンステッチのお花と、アウトラインステッチの茎を
組み合わせるだけでできあがり。
ビーズはお好みの位置にちらして入れましょう。
※毛糸の極細の青色を使っています。

アウトライン

ビーズ

サテン

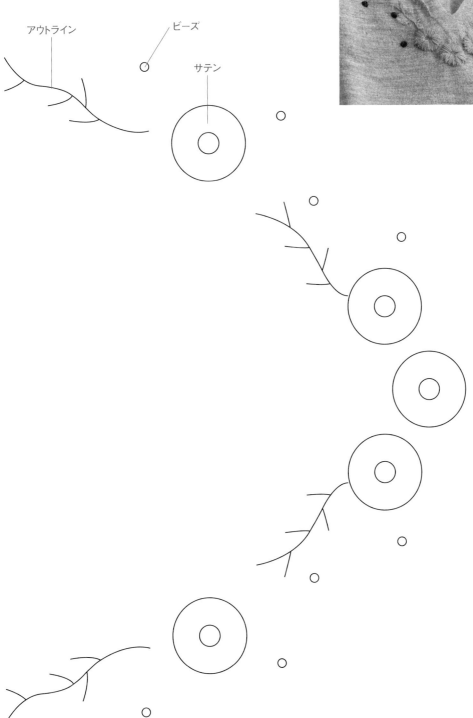

そで口 photo ▶ p.29

● そで口をリメイクして
新しい服に仕立てる

そで口をぐるりと刺しゅうするだけでも、イメージが変わります。同じ図案を刺していけば、刺しゅうの練習にもぴったりです。

そで口1

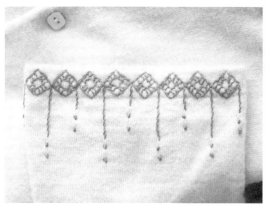

p.5の線の図案をアレンジ。左右の模様を取り、アウトラインステッチとフレンチノットで飾りをつけています。

そで口2

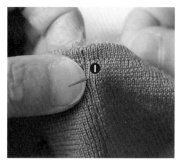

1 布の裏から針を出す（❶）。

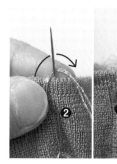

2 1の横に針を入れる（❷）。針に糸をひっかけ、針をひっぱる。
point ブランケットステッチと同じ要領。

3 2と同じ穴に針を入れ、針に糸をひっかける。

4 針をひっぱる。

5 繰り返して、そで口を一周する。

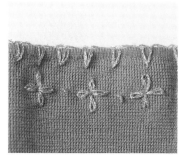

6 中心を基点にしてチェーンステッチを4回刺して、小花を作る。小花の間にフレンチノットを刺す。そで口を一周する。

［つくろう］

くつ下 photo ▶ p.30

● 織物をするように つくろう

大きな穴が開いてしまったときは、たて糸とよこ糸で織物をするようにつくろうと、かわいくて丈夫な仕上がりになります。

1 つくろう穴の下に、ボールを当てる。
point 織物のようにつくろいたいときに、下の布をひろわず刺しやすい。

2 穴の大きさに合わせて、チェーンステッチで四角形を刺す。
point 補強になる。

3 端のチェーンの、真ん中に裏から針を出す。
point たて糸を張っていく。

4 反対側のチェーンのすぐ下から針を入れて、チェーンの中から出す。

5 3の隣のチェーンに針を入れ、少し先に針を出す。

6 4の隣のチェーンのすぐ下から針を入れて、チェーンの中に出す。

7 4までを繰り返して最後までたて糸ができたら、裏で玉留めする。

8 別の糸を用意する。端のチェーンの真ん中に、裏から針を出す。
point よこ糸を張っていく。たて糸と違う色の糸にするとかわいい。

77

9 たて糸を1本飛ばしに、針ですくっていく。
point 平織りと同じ要領で編んでいく。

10 反対側から、9と交互になるようにたて糸を1本飛ばしに、針ですくっていく。

11 上までできたら、裏で玉留めをする。

セーター photo ▶p.31

● リボンでセーターのほつれや穴をリペア

セーターをひっかけて穴が開いたり、横に毛糸がほどけてしまったときは、リボンを縫いつけてリメイク。リボンにステッチを使うと表情が変わります。

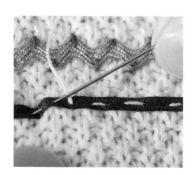

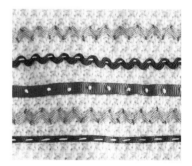

デニム生地 photo ▶p.32

● かたい布や大きな穴は当て布を使う

デニムのように厚くてかたい布や、刺しゅうでふさぐには大きすぎる穴には当て布がおすすめ。
当て布に刺しゅうをすれば、オリジナル感とおしゃれ度がアップします。

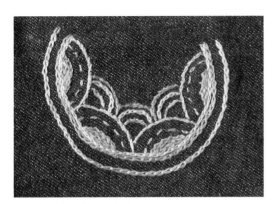

1 当て布に刺しゅうする。

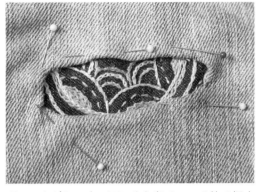

2 ふさぎたい穴の下に1を当て、マチ針で仮止めする。

3 刺しゅう枠をつける。下の布をひろわないように厚紙を中に入れて、周りをランニングステッチで縫う。

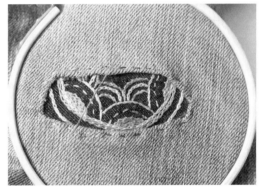

4 ランニングステッチを何周かし、当て布を固定する。

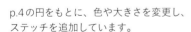

p.4の円をもとに、色や大きさを変更し、
ステッチを追加しています。

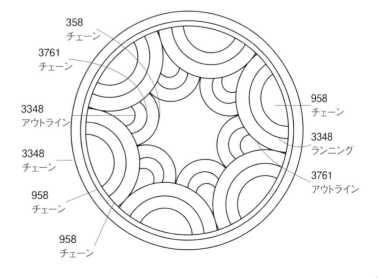

358
チェーン

3761
チェーン

3348
アウトライン

3348
チェーン

958
チェーン

958
チェーン

958
チェーン

958
チェーン

3348
ランニング

3761
アウトライン

79

[著者紹介]
阪本あやこ（さかもと・あやこ）

東京生まれ。多摩美術大学染織デザイン科卒業。紙、布、糸、はさみ
が大好き！「どんな素材でも簡単にかわいく」を心がけて、工作や刺
しゅう、オブジェの制作など雑誌媒体を中心に活動中。著書に『子ども
のイラストでママが作るキッズのバッグ』（文化出版局）、『ペーパー芯
をおしゃれにリメイク　ナチュラルモチーフと小物』（ブティック社）
など多数。

staff
撮影　横田裕美子（スタジオバンバン）
スタイリング　深川あさり
デザイン　鷹觜麻衣子
刺しゅう図案トレース　川口律
校正　別府由紀子
編集制作　後藤加奈（ロビタ社）

6つのステッチでワンポイントからお直しまで
いちばんやさしい「刺しゅう」リメイク

2023年2月27日　第1版第1刷発行

著　者　阪本あやこ
発行者　村上雅基
発行所　株式会社PHP研究所
　　　　京都本部 〒601-8411　京都市南区西九条北ノ内町11
　　　　〔内容のお問い合わせは〕教育出版部 ☎075-681-8732
　　　　〔購入のお問い合わせは〕普及グループ ☎075-681-8818
印刷所　大日本印刷株式会社
